SOCIALISME RATIONNEL.

EXAMEN

Mis en rapport avec le Socialisme rationnel de l'ouvrage de M. Vidal (actuellement représentant du Peuple), intitulé : **DE LA RÉPARTITION DES RICHESSES, OU DE LA JUSTICE DISTRIBUTIVE ENÉCONOMIE SOCIALE.**

Par COLINS,

Six livraisons chacune de trois feuilles d'impression (trois par mois), à 50 centimes la livraison.

BULLETIN DE SOUSCRIPTION.

Je soussigné déclare souscrire à l'ouvrage ci-dessus, et m'engage à prendre les six livraisons au fur et à mesure qu'elles paraîtront.

Noms *Adresses*

Noms	*Adresses*

Paris.—Imprimerie PREVE et Comp^e, rue J.-J.-Rousseau, 15.

LE SOCIALISME
RATIONNEL.

Imprim. Preve et Comp., rue du Bouloi, 19.

SOCIALISME

RATIONNEL

OU

ASSOCIATION UNIVERSELLE

DES AMIS DE L'HUMANITÉ

DU DROIT DOMINANT LA FORCE, DE LA PAIX, DU BIEN ÊTRE GÉNÉRAL POUR L'ABOLITION DU PROLÉTARIAT ET DES RÉVOLUTIONS.

PAR COLINS,
chef d'escadron.

PRIX : 50 CENTIMES.

PARIS
EN VENTE CHEZ TOUS LES LIBRAIRES.
1849

LE

SOCIALISME RATIONNEL

OU

ASSOCIATION UNIVERSELLE

DES AMIS DE L'HUMANITÉ.

Association universelle des Amis de l'Humanité, du droit dominant la force, de la paix, du bien-être général, pour l'abolition du prolétariat et des révolutions.

Cette association est-elle nécessaire ?

Cette association est-elle possible ?

Cette association éprouvera-t-elle actuellement des obstacles qui puissent ne rendre sa réussite possible que pour une époque éloignée ?

Quelles sont les conditions nécessaires pour que les obstacles s'opposant actuellement à la réussite de l'association puissent être rapidement vaincus ?

Telles sont les quatre questions que nous allons examiner.

PREMIÈRE QUESTION.

Cette association est-elle nécessaire?

Nous avons déjà dit ailleurs, et nous aimons à répéter ici que, dans l'ordre social, il n'y a de *nécessaire* que ce qui doit exister sous peine de mort. Il s'agit donc de savoir si cette association est nécessaire sous peine de mort sociale.

Quelles sont les causes qui peuvent amener la mort sociale ?

Le paupérisme et les révolutions.

Quelle est la cause nécessaire, absolument nécessaire du paupérisme?

L'aliénation du sol à des individus.

Quelle est la cause nécessaire, absolument nécessaire des révolutions?

L'absence de communauté de droit, tant au sein de chaque nation qu'au sein de l'ensemble des nations.

Et le paupérisme peut-il être extirpé et laisser subsister la tendance nécessaire aux révolutions?

Sans aucune espèce de doute. Et les révolutions seraient même d'autant plus nombreuses et plus cruelles que le paupérisme serait plus complètement anéanti, tant que la société n'existerait pas sous l'unité de droit. Car la multiplicité de droits équivaut à la négation de tout droit; et c'est surtout l'anéantissement du paupérisme qui fait sentir la no existence de droit. Or, l'absence de tout droit constitue la liberté des passions, qui n'est autre que l'anarchie ou la révolution. En outre, l'existence des révolutions ramènerait nécessairement un paupérisme qui, par pure hypothèse, aurait pu se trouver momentanément anéanti en l'absence de l'unité de droit.

Et si l'unité de droit pouvait exister, le paupérisme serait-il nécessairement anéanti?

Nécessairement. Car l'unité de droit, en présence de l'incompressibilité de l'examen, ne peut être que l'expression de la justice absolue rendue rationnellement incontestable à tous, et acceptable pour tous dans le propre intérêt de chacun reconnu par chacun. Or l'existence du paupérisme, en présence de l'incompressibilité de l'examen, est incontestablement en opposition avec l'intérêt de tous et de chacun.

Ainsi, le paupérisme ne peut être anéanti que par l'établissement de l'unité de droit; et l'établissement de l'unité de droit anéantit nécessairement les révolutions. C'est donc uniquement par l'établissement de l'unité de droit que l'anéantissement simultané du paupérisme et des révolutions peut avoir lieu.

Voyons maintenant si l'association universelle des prolétaires est nécessaire pour que l'unité de droit, anéantissant simultanément le paupérisme et les révolutions, puisse être établie.

A cet égard, il faut commencer par déterminer la valeur de l'expression *prolétaire.*

L'expression *prolétaire* se rapporte tantôt au physique, tantôt au moral ; tantôt à la richesse, tantôt à l'indigence.

Au physique, elle se rapporte à la quantité de richesse possédée par chaque individu, eu égard à la richesse sociale d'une époque. On pourrait déterminer à un centime près quelle est la quantité de richesse que doit posséder chaque individu dans chaque nationalité pour être soit propriétaire, soit prolétaire ; mais ce n'est point ici du prolétariat physique dont il est question.

Le prolétaire moral est celui qui se dévoue à la cause du prolétariat, à la cause qui prétend établir l'unité de droit et anéantir le paupérisme et les révolutions, parce que cet établissement et cet anéantissement sont eux-mêmes devenus nécessaires à l'existence de l'humanité.

Après 89, quiconque appartenait à la cause des nobles était dit *aristocrate,* fût-il même le dernier des roturiers ; et celui qui appartenait à la cause bourgeoise était dit démocrate, fût-il noble comme Montmorency ou comme Mirabeau.

Si donc demain MM. Rotschild venaient à reconnaître, dans leur propre intérêt et dans l'intérêt de tous, la nécessité d'établir l'unité de droit et d'anéantir le paupérisme ainsi que les révolutions, MM. de Rotschild seraient prolétaires, et avec beaucoup plus de raison que Montmorency et Mirabeau n'étaient démocrates ; car le bourgeoisisme est la plus effroyable des aristocraties, et même la plus dangereuse pour les aristocrates.

Voilà l'expression *prolétaire,* quant à l'association universelle, parfaitement déterminée, et, sous peine de mauvaise foi, il ne pourra y avoir de chicane à cet égard.

Nous disons qu'une association universelle de prolétaires est nécessaire pour que le paupérisme et les révolutions puissent être annéantis. Voyons si c'est là une vérité.

Pour le savoir, supposons, sans nous inquiéter

maintenant de la possibilité, que toute la France, sans exception aucune, ait embrassé la cause du prolétariat. Nous pouvons alors supposer avec tout autant de raison que le reste de l'Europe ait embrassé la cause des propriétaires, c'est à dire de ceux qui veulent conserver l'ancienne société, ou l'existence du prolétariat.

Dès lors il est évident que la cause du prolétariat se trouvera écrasée, et que l'Europe sera momentanément cosaque. Peut-être même est-ce là le seul remède qui puisse conduire, par l'excès du mal social, à rendre prolétaire l'Europe entière, c'est à dire à lui faire comprendre la nécessité d'anéantir le paupérisme et les révolutions. Cependant je n'accepterai ce remède que lorsqu'il me sera imposé par la force, et je combattrai jusqu'à la mort pour faire prévaloir un autre remède, parceque tel est mon devoir.

L'association des prolétaires français est donc incapable d'établir l'unité de droit devant anéantir le paupérisme et les révolutions. Une association universelle de prolétaires est donc nécessaire pour atteindre ce but.

DEUXIÈME QUESTION.

Cette association est-elle possible?

Deux choses sont nécessaires à la possibilité de cette association : la possibilité légale ; la possibilité morale.

La possibilité légale se rapporte : au pays où se trouve le chef-lieu de l'association ; aux pays correspondant avec le chef-lieu de l'association.

Il est évident que si l'association était rendue universellement illégale, l'association universelle serait momentanément impossible. Mais cette circonstance peut seulement, sans être absurde, se supposer pour l'Europe.

Alors une domination cosaque européenne plus ou moins longue saurait bien rendre nécessaire la légalité d'une pareille association. Peut-être même serait-il à désirer que cette légalité ne pût avoir d'autre source, parce qu'alors elle serait infiniment plus efficace. Cependant je le répète : tout en reconnaissant l'utilité du remède, il est de notre devoir de nous opposer à son application. Quelque utile que puisse être le mal, nous ne devons point y coopérer..... pour aussi longtemps que nous le considérons comme mal. Car en dehors d'une communauté d'idées, constituant unité de droit, il n'y a de bien que ce que chacun considère comme tel.

Du reste la légalité n'est absolument nécessaire que pour le pays où se trouve le chef-lieu de l'association. Pour tous les autres, l'illégalité serait peut-être un bien. Car il est actuellement impossible d'empêcher les communications; et pourvu que l'association soit libre au chef-lieu de son établissement, plus elle sera prohibée partout ailleurs, et plus elle aura d'adhérents.

Il n'y a maintenant que trois pays où le chef-lieu de l'association puisse s'établir utilement et légalement : la France, les Etats-Unis d'Amérique et l'Angleterre; car il faut que le pays où se trouvera ce chef-lieu puisse se défendre contre les autres, et par lui-même, et par l'association. Or, la France, les Etats-Unis et l'Angleterre sont actuellement seuls dans ce cas.

Je place la France en tête de l'énumération, parce que jusqu'à présent elle a été la capitale de ce qu'on nomme progrès, de ce qui est réellement le progrès dans les développements de l'intelligence, dans la destruction des absurdités établies pour conserver l'ordre au sein de l'ignorance; par conséquent progrès vers l'anarchie, pour aussi longtemps que l'ignorance ne sera point évanouie; après laquelle époque tout progrès moral serait absolument impossible, excepté à Charenton. Mais il est bien à craindre que ce ne soit précisément ce qui a placé la France à la tête des nations — la sottise de croire au progrès continu, tout ce qu'il y a de plus anarchique au monde; et la sottise de croire à la stabilité de l'ignorance, ce qu'il y a de plus stupide en face de l'examen après la croyance au progrès contin, — une la maintienne dans une anarchie inévitable tant que ces deux croyances ne sont point flétries, ce qui la rejetterait à l'arrière des nations.

Il est d'ailleurs une autre cause qui pourrait bien encore rejeter la France à l'arrière de toutes les nations, et même des hordes les plus barbares : c'est que, par absence de toute foi d'une part, et de science réelle d'une autre, le bavardage y tient nécessairement lieu de raison. Parlez actuellement raison, en France, en termes clairs, incontestables, personne ne vous écoutera. Mais énoncez tout ce qu'il y a de plus stupide, en faisant de la musique de mots, tous vos auditeurs bailleront aux corneilles, et se mourront d'admiration. Il est vrai que cette admiration sera moins qu'éphémère. Un autre histrion surviendra, fera cliqueter d'autres mots, et l'admiration qu'il excitera vous fera retomber dans la tourbe du vulgaire dont lui-même sera sorti après vous, et dans laquelle il rentrera lui-même immédiatement après son éclair de bavardage.

Il y a plus : c'est qu'en France, toutes les bases possibles de l'honneur conventionnel y sont absolument renversées, et que la base de l'honneur réel ne s'y trouve point établie, par l'excellente raison qu'elle n'y est point encore socialement connue. Quel dévoûment rationnel voulez-vous alors attendre des habitants d'un tel pays? si ce n'est exceptionnellement.

Là, le dévoûment de sentiment n'y est même plus possible que chez les pauvres; et cela parce qu'ils n'ont point encore reçu l'instruction destructrice de toute base possible d'honneur conventionnel. Du reste, en dehors d'une idée commune, ces dévoûments se trouvent socialement inutiles, absolument inutiles. Que faire, socialement, de dévoûments sans unité en présence de ceux qui, par absence de tout dévoûment, sont unis comme un seul homme dans la pensée d'exploiter des masses assez imbéciles pour se dévouer encore sans savoir pourquoi?

Il est très douteux qu'un pays où le bourgeoisisme a régné pendant deux ou trois générations puisse jamais se mettre à la tête de la civilisation, quant à l'établissement de l'ordre réel. Et la France est dans ce cas.

Aux Etats-Unis, il n'y a pas de bourgeoisisme, par la raison que le bourgeoisisme n'est autre que l'exploitation du prolétariat, et qu'aux Etats-Unis le prolétariat s'y trouve encore socialement impossible ; et il y est impossible parce que le sol s'y trouve encore, pour ainsi dire, appartenant à la propriété collective, par la facilité, pour chaque individu, de s'y procurer des terres à peu près gratuitement.

C'est exclusivement à cette circonstance, et non à l'inégalité entre le territoire et la population, ainsi que le répètent des jackos politiques, que se doit la prospérité des Etats-Unis. Il y avait en Californie une bien plus grande inégalité entre la population et le territoire qu'il n'y en avait aux Etats-Unis. Or, voyez ce qu'était la Californie, et voyez ce qu'elle est à présent et surtout ce qu'elle sera avant dix ans.

Mais aux Etats-Unis, le besoin d'ordre, par l'unité de droit réel, n'y existe point encore : parce que les Etats-Unis étant pour ainsi dire isolés, il n'y a point lieu, pour eux, de faire agir la force pour vaincre les résistances internationales ; et parce que le paupérisme ne pouvant encore y exister, la force nationale n'a point à s'exercer pour empêcher que le paupérisme s'y établisse, ou pour empêcher qu'il ne cause des révolutions.

Aussi n'est-il pas probable que le chef-lieu de l'association universelle puisse s'établir actuellement aux Etats-Unis. Il est difficile de compâtir à des maux qu'on ne connaît pas, et que même on ne peut craindre prochainement. Il n'est qu'un cas où cet établissement puisse y devenir probable : c'est celui où l'association universelle ne pourrait avoir de chef-lieu légal en Europe. Alors elle pourrait s'établir et s'établirait même nécessairement aux Etats-Unis.

Ceux-ci par l'immensité de leur territoire, et du territoire qu'ils pourraient y annexer, permettraient à l'association de recevoir d'Europe tous les émigrants qui voudraient y adhérer ; et ce serait en vain que l'Europe voudrait s'y opposer ; car le temps n'existe plus où il puisse être possible de conserver l'homme attaché à la glèbe. Les Etats-Unis d'ailleurs auraient même un intérêt matériel à favoriser cette émigration ; parce que les prolétaires qui émigreraient alors pourraient avoir, et auraient dans leur sein, des Rothschild prolétaires moraux, lesquels, voyant que leurs capitaux ne sont plus en sûreté dans le chaos despotico-anarchique de la pourriture européenne, voudraient en sortir à tout prix.

Le pays où le chef-lieu de l'association universelle pourrait peut-être s'établir le plus utilement serait l'Angleterre.

Là tout le sol est possédé par un très petit nombre de familles, qui toutes sont à même de concevoir, d'une part, que le bourgeoisisme, c'est à dire l'hérédité de la propriété territoriale dans les familles par l'anéantissement du droit d'aînesse, est l'entrée dans la plus effroyable des anarchies, devant tôt ou tard ramener le droit d'aînesse, à moins qu'un système dont elle n'a aucune idée ne puisse détruire le bourgeoisisme sans ramener la féodalité; et d'une autre part, qu'il est désormais impossible à la féodalité de se maintenir en vigueur devant un paupérisme auquel l'incompressibilité de l'examen donne, de jour en jour, de nouvelles forces pour battre en brèche l'ancien édifice féodal, jusqu'ici seule base possible d'un ordre non éphémère.

De plus, le bavardage parlementaire n'est point aussi effrontément dominant en Angleterre qu'il l'est en France. Là les raisons y sont pesées; et, s'il n'y a pas encore de bonnes raisons à mettre dans la balance, on sait au moins y choisir les moins mauvaises. On reproche à l'Angleterre son machiavélisme; mais l'Angleterre a parfaitement raison. En époque d'ignorance, il n'y a socialement de bien que d'être fort, de mal, que d'être faible.

Et l'Angleterre ne veut pas être faible, et l'Angleterre ne veut pas être esclave. Trouvez-vous qu'elle ait tort? Prouvez-lui que désormais la force ne peut plus avoir de domicile fixe; que désormais la force doit se soumettre à la raison, et qu'elle peut, utilement pour elle, être la première à s'y soumettre; elle voudra, et avec raison, être la dernière forte et la première raisonnable.

Mais l'association universelle ne peut avoir qu'un seul chef-lieu; et tant que ce chef-lieu sera possible pour la France, il ne pourra l'être ni pour les Etats-Unis, ni pour l'Angleterre.

Maintenant où ce chef-lieu devrait-il s'établir si la France non seulement lui retirait toute protection, mais voulait même lui refuser un asile?

C'est là une question qui demanderait trop de développements, et que nous ne pouvons résoudre ici; il nous suffit de dire que, dans ce cas, l'association pourrait toujours avoir pour chef-lieu soit Londres, soit Washington.

Arrivons à la possibilité morale.

Qu'est-ce que la possibilité morale?

C'est la possibilité de présenter pour base à l'association universelle un système qui ne soit point évidemment absurde, soit dès l'abord, soit dans ses conséquences.

Si, par exemple, vous présentez pour base à l'association universelle, ayant pour but d'anéantir le paupérisme et les révolutions, la discussion d'un système social ayant lui-même l'anthropomorphisme pour base, c'est à dire un système conduisant logiquement à la négation du bien et du mal, au maintien nécessaire du paupérisme, par conséquent au développement des révolutions, votre association sera nécessairement repoussée par tous les prolétaires moraux; et il n'y a que ceux-ci qui sollicitent la discussion. Dans ce cas, votre association périra dans le vide; elle sera moralement impossible.

Si vous présentez pour base à l'association universelle, ayant pour but d'anéantir le paupérisme et les révolutions, la discussion d'un système social ayant lui-même le panthéisme pour base, c'est à dire un système conduisant logiquement à la négation du bien et du mal, au maintien nécessaire du paupérisme, par conséquent au développement des révolutions, votre association sera nécessairement repoussée par tous les prolétaires moraux; et il n'y a que ceux-ci qui sollicitent la discussion. Dans ce cas, votre association périra dans le vide; elle sera moralement impossible.

Remarquez maintenant que, jusqu'à présent, tout système d'organisation ou de réorganisation sociale a été exclusivement basé sur l''anthropomorphisme ou sur le panthéisme; et cela sans aucune espèce d'exception, entendez-vous?

En effet : TOUS, *sans exception aucune*, se sont basés ou sur le droit divin, ou sur le droit naturel ; de part et d'autre sur la liberté, l'égalité, la fraternité, le dévoûment, la charité, diversement interprétés, interprétations provenant toutes d'un raisonnement quelconque, ne fût-ce que pour les accepter au nom de la foi niant l'efficacité du raisonnement. Or, sous l'anthropomorphisme comme sous le panthéisme, les mots droit, liberté, égalité, fraternité, dévoûment, charité et raisonnement sont, LOGIQUEMENT, absolument vides de tout sens non absurde.

Il n'est donc pas étonnant que jusqu'ici il n'y ait pas eu *possibilité morale* de voir s'établir l'association universelle.

Et ce qui jusqu'ici a été impossible, vous voulez, vous, le rendre possible?

Pourquoi pas? Si l'association universelle est réellement nécessaire, il faut bien que quelqu'un la rende moralement possible, ou que la société périsse. Vous aimeriez mieux la voir périr, n'est-il pas vrai, que de la voir sauver par un autre que vous? Je le conçois; vous n'êtes pas le seul. C'est le fait des envieux, des vaniteux, des ignorants, des escargots, qui veulent tout pour eux et rien pour les autres. Dans une époque bourgeoise, vous devez être en majorité. Si les autres étaient en majorité, ou seulement même en imposante minorité, la vérité serait bientôt établie. Mais elle s'établira malgré vous... par une bonne raison, c'est qu'elle est devenue socialement nécessaire. Et il ne faudra point vous en vouloir de votre mauvaise volonté. Il serait injuste d'exiger d'un aveugle qu'il vît les couleurs; et l'éducation de la société actuelle a crevé les yeux de l'intelligence à la plupart de ses membres, de manière à ce qu'il soit presque impossible de leur rendre la vue.

Heureusement un clairvoyant instruit peut suffire à la conduite de dix mille aveugles : et il suffit alors d'empêcher ceux-ci de crever les yeux à ceux qui arrivent à la lumière.

Si maintenant vous aviez des oreilles pour entendre et un cerveau sain pour raisonner, je vous dirais :

Que vous demande-t-on? De vous retirer de l'association aussitôt que vous y trouverez quelque chose d'absurde. Est-ce trop? Mais ne nous occupons plus de vous. La possibilité morale ne peut vous concerner; vous appartenez au parti anti-prolétaire; soit : on réussira sans vous.

C'est donc MOI qui ose prétendre à démontrer que l'association universelle pour l'anéantissement du paupérisme et des révolutions est possible moralement. Qu'importe qu'il y ait un nom attaché à ce MOI? Si le nom vous blesse, ôtez-le. Pauvres gens! n'est-il pas pitoyable d'être obligé de vous dire de pareilles choses? Vous croyez donc qu'il est bien agréable d'instruire? En instruisant, on vit avec des bêtes; en s'instruisant, on vit avec des hommes. Est-ce vrai? oui ou non, et n'avocassez pas?

Il s'agit de paupérisme et de révolutions.

Relativement au paupérisme, je vous en ai indiqué et la cause, et les moyens de l'anéantir (1). C'est court, c'est clair, c'est incontestable. Ceux qui ne trouveront point tel ce que j'ai dit à cet égard, qu'ils se retirent : le parti prolétaire n'a pas besoin d'eux.

Quant aux révolutions,

J'ai dit : Que le paupérisme ne pouvait rester anéanti tant que l'unité de droit ne se trouverait point établie, et que l'unité de droit était actuellement incompatible avec l'anthropomorphisme et avec le panthéisme.

C'est court, c'est clair, c'est incontestable. Ceux qui ne trouveront point tel ce que j'ai dit à cet égard, qu'ils se retirent : le parti prolétaire n'a pas besoin d'eux.

J'ai dit que je pouvais anéantir l'anthropomorphisme et le panthéisme, que je pouvais établir l'unité de droit d'une manière rationnellement incontestable.

Ce que j'ai imprimé depuis un an à cet égard, ce qu'ont dit de moi deux de mes disciples, qui ne sont point inconnus en Europe, suffit-il pour établir une présomption rationnelle que je pourrais bien n'être ni un sot ni un charlatan?

(1) *Organisation sociale rationnelle*, 18 pages.

Si cette présomption rationnelle existe, elle constitue la possibilité morale de l'association universelle.

Ce qu'il y a d'évident, c'est que si cette association est *nécessaire*, ce n'est qu'ainsi qu'elle peut s'établir.

Et comme nous l'avons démontrée *nécessaire*, il faut qu'elle soit ainsi possible, soit dans le présent, soit dans l'avenir : SOUS PEINE DE MORT SOCIALE.

TROISIÈME QUESTION.

Cette association éprouvera-t-elle actuellement des obstacles qui puissent ne rendre sa réussite possible que pour une époque éloignée?

Voyons de quels côtés peuvent venir les obstacles; et surtout ne nous faisons point illusion sur leur force.

Les principaux obstacles pourront venir :

D'abord de la difficulté de donner de la publicité à l'association afin d'avoir un nombre considérable d'associés ;

Ensuite d'avoir un nombre suffisant d'associés pour pouvoir, par soi-même, conserver la publicité et parvenir par la démonstration de sa nécessité , à avoir autant d'associés qu'il y a d'individus, les fous exceptés.

Après cela, les difficultés proviendront des journalistes, des lois, du gouvernement, des prêtres, des philosophes, des savants, des artistes, des économistes, des socialistes, des propriétaires et des prolétaires.

La difficulté de donner à l'association une première publicité est immense. Nous allons voir que tous les journalistes, pères de la publicité, sont généralement les ennemis de l'association. Voilà un obstacle presque invincible.

Avoir un nombre suffisant d'associés pour que l'association puisse par elle-même subvenir aux frais du maintien de la publicité est encore un obstacle presque insurmontable. Il lui faut, à cet égard, une revue hebdomadaire pour l'exposition de la théorie, et un journal quotidien pour défendre les théories et prouver, par les circonstances quotidiennes, que leur application est continuellement nécessaire, sous peine de s'enfoncer de plus en plus dans le gouffre de l'anarchie. Or, une pareille dépense nécessite des associés pour ainsi dire innombrables, et d'une bonne volonté pour ainsi dire immuable.

Le journalisme, dont les journalistes sont les esclaves sous peine de ne pas être journalistes, le journalisme, nous l'avons dit, n'a ni cœur ni âme; c'est une association de capitaux. Or, le socialisme rationnel attaque la domination du capital et de plus toutes les théories jusqu'à présent soutenues par les journalistes. Le journalisme et les journalistes sont ainsi les ennemis du socialisme rationnel et de l'association qui prétend l'établir.

Les lois, pendant toute l'époque d'ignorance, ne sont jamais que ce que les forts, seuls législateurs possibles de cette époque, veulent qu'elles soient. C'est juste, l'ordre alors est nécessairement basé sur la force. Mais pendant la même époque, et lorsque l'examen ne peut plus être comprimé, la force ne peut plus servir de base à l'ordre; aussi les faibles tâchent plus que jamais de devenir forts, et toujours indépendamment de la raison qui, pendant cette même époque. n'a jamais de *criterium* que la force. Il s'en suit que le socialisme rationnel, qui veut renverser la domination de la force, aura contre lui les forts et les faibles, les lois faites et les lois à faire. Ce n'est pas très encourageant.

Les gouvernements, les forts, pendant toute cette époque, sont véritablement la loi, dont les lois ne sont alors que les différents masques. Quand la loi réelle, la loi éternelle, la loi réellement rationnelle domine, les gouvernements, les forts, sont les esclaves, et, qui plus est, les esclaves volontaires de la loi. Mais jusque là les gouvernements sont nécessairement les maîtres, les interprètes, les créateurs de la loi, ou sinon il n'y a pas de loi, il y a anarchie; le socialisme rationnel, qui veut anéantir toutes les lois faites, pour les remplacer par la loi éternelle, expression de la raison éternelle, aura contre lui tous les forts possibles, tous les gouvernements alors possibles.

Pendant l'époque d'ignorance, et tant que l'examen peut être comprimé, les prêtres sont unis. Ce sont eux alors qui sont les forts, qui font la loi et sont le gouvernement. Lorsque l'examen ne peut plus être comprimé, ils cessent d'être unis, excepté sur un seul point, la réalité de l'anthropomorphisme, lui-même sapé par l'examen.

Le socialisme rationnel veut renverser l'anthropomorphisme, personnification, symbole de la justice éternelle, pour faire dominer la réalité, la raison éternelle, expression de la justice éternelle. Le socialisme rationnel veut renverser le gouvernement des forts, qu'ils soient prêtres ou qu'ils soient comédiens.

Le socialisme rationnel aura contre lui les prêtres de toutes les religions possibles, les comédiens de toutes les comédies possibles.

Les philosophes, depuis l'origine du monde, sont divisés sur tous les points possibles, excepté sur un seul : la réalité du panthéïsme ayant pour symbole logomachique l'*âme universelle*. Le socialisme rationnel a pour mission d'anéantir le panthéïsme, mille fois plus absurde, s'il est possible, que tous les anthropomorphismes possibles. Le socialisme rationnel aura pour ennemis toutes les philosophies et tous les philosophes jusqu'alors possibles.

Le panthéisme n'est que le matérialisme auquel la prétendne philosophie a donné pour masque le galimathias *âme universelle*. La prétendue science actuelle a réduit le matérialisme à l'état d'une prétendue démonstration. Tous les prétendus savants, sans en excepter un seul, sont actuellement matérialistes, ou sinon ils ne sont que des usurpateurs du nom de savants, que la prétendue science actuelle renvoie dans une des mille loges du mysticisme. Le socialisme rationnel a pour mission d'anéantir ce matérialisme. Le socialisme rationnel aura pour ennemis tous les savants jusqu'à présent possibles, et qui plus est, tous les mystiques, tous les fous jusqu'à présent possibles.

Ces artistes, au premier rang desquels se trouvent les poètes, n'ont eu jusqu'à présent de base possible que la fiction, tranchons le mot, que le mensonge. C'est juste : en époque d'ignorance il n'y a de vérité que la force, et les artistes qui, sans contredit sont les plus belles organisations dans tous les genres, ont de la répugnance à se soumettre à la force brutale. Ils ont ainsi été obligés de colorer la force, de mensonge. Puis comme le mensonge est multiple à l'infini, ils ont été obligés de rester dans le vague, et chacun d'eux s'est imaginé que le vague en général, qu'ils ont surnommé du nom charentonesque d'idéal, est l'essence de la poésie, est l'essence de l'art. Vouloir les chasser du vague, c'est, selon eux, vouloir les anéantir.

Le socialisme rationnel a pour mission de détruire le vague, de détruire l'idéal, de le reléguer à Charenton, d'où il est sorti. Le socialisme rationnel aura pour ennemis tous les artistes aujourd'hui possibles.

Les économistes ont pour Dieu CE QUI EST, abstraction faite du droit. Selon eux, tout point de droit est toujours *plus ou moins* dans le domaine de l'opinion : et cela doit toujours être. Selon eux, les épargnes des riches se font aux dépens des pauvres, et il faut toujours qu'il en soit ainsi. Selon eux, tous les ans une partie de la population doit mourir de besoin, même au sein de la nation la plus prospère : et cela est bien, et doit rester éternellement bien. Le socialisme rationnel a pour mission de prouver : que tout ce qui est actuellement a été bien pour le passé, mais est mal pour l'actualité et pour l'avenir ; que le droit ne doit plus rester dans le domaine des opinions, parce qu'il est désormais impossible de proscrire, sur le droit, toutes les opinions moins une ; et qu'en dehors de l'unité d'opinion sur le droit il n'y a de possible que l'anarchie ; que les épargnes des riches ne doivent plus être faites aux dépens des pauvres, parce que désormais il est impossible d'empêcher les pauvres d'examiner ; que même il ne doit plus y avoir de pauvres, parce que, tant qu'il y a des pauvres, ils sont nécessairement en immense majorité; qu'il est impossible actuellement de le leur cacher, d'empêcher qu'ils n'en soient mécontents; et que vouloir maintenir l'ordre compatible avec l'immense majorité de mécontents est une charentonade à nulle autre pareille; que l'organisation sociale actuelle, source nécessaire de paupérisme, doit être renversée, etc., etc., etc. Il est évident que le socialisme rationnel aura pour ennemis tous les économistes possibles.

Tous les socialistes qui ont existé depuis l'origine du monde, SANS EXCEPTION AUCUNE, ont tous basé leurs systèmes de réorganisation sociale, soit sur l'antrophomorphisme, soit sur le panthéisme, soit sur le droit divin, soit sur le droit naturel. Le socialisme rationnel a pour mission d'anéantir et l'anthropomorphisme et le panthéïsme, et le droit divin et le droit prétendu naturel. Le socialisme rationnel aura pour ennemis tous les socialismes qui ont pu exister jusqu'à présent.

Les propriétaires, presque sans exception aucune, s'imaginent que puisque le sol, depuis l'origine des cités, a toujours été aliéné à des individus, il doit rester éternellement aliéné à ces individus, sous peine de retomber dans l'absence de cités, dans la sauvagerie. Le socialisme rationnel a pour mission de prouver que désormais, et sous peine d'anéantissement de toute cité, le sol doit appartenir à la propriété collective. Le socialisme rationnel aura pour ennemis la presque totalité des propriétaires.

Les prolétaires, presque sans exception aucune, sont soumis aux influences, soit du journalisme, soit des lois, soit du gouvernement, soit des prêtres, soit des philosophes, soit des savants, soit des artistes, soit des économistes, soit des socialistes, soit des propriétaires. Le socialisme rationnel a pour mission de prouver que : journalisme, lois, gouvernements, prêtres, philosophes, savants, artistes, économistes, socialistes et propriétaires, sont dans l'erreur. Le socialisme rationnel aura pour ennemis la presque totalité des prolétaires.

Nous aimons à croire que personne ne nous accusera d'avoir affaibli la valeur des obstacles que le socialisme rationnel devra vaincre pour triompher. Les obstacles sont tels, que le socialisme rationnel doit paraître ne pouvoir s'établir, ni actuellement, ni dans l'avenir. Peut-être même serons-nous accusé, soit d'imprudence, soit d'impudence, pour avoir ainsi énuméré des obstacles qui, dans leur ensemble, comprennent pour ainsi dire la société tout entière, et cependant de vouloir les vaincre. Qu'importent ces accusations? l'essentiel est de savoir où se trouve la vérité. C'est ce que nous allons rechercher.

QUATRIÈME QUESTION.

Quelles sont les conditions nécessaires pour que les obstacles, s'opposant actuellement à la réussite de l'association, puissent être rapidement vaincus?

Réponse : Que l'anéantissement du paupérisme et des révolutions soit devenu réellement nécessaire.

Cette condition est unique. Nous avons prouvé que son existence est actuellement réelle.

— C'est vrai. Mais il ne suffit pas que cette condition ait une existence réelle; il faut encore que cette nécessité soit reconnue par tous ceux qui font obstacle à l'établissement du socialisme réel; ce qui doit signifier que votre association peut actuellement renverser tous les obstacles qui s'opposent à sa réussite.

— C'est également vrai. Aussi nous allons prouver que l'association universelle est capable de remplir ce but.

D'abord pour agir il faut exister. Commençons par prouver que l'association universelle, que nous avons démontré pouvoir exister théoriquement, peut aussi exister pratiquement.

Une première publicité est nécessaire, c'est vrai, et cette première publicité ne peut exister que par des journaux étrangers à l'association; puisque dès

le commencement l'association ne peut, pour ainsi dire, exister qu'en germe. De plus, le journalisme, association des capitaux, n'a ni corps ni âme, est l'ennemi-né du socialisme rationnel. C'est encore très vrai, mais en genéral et sauf les exceptions. Remarquez maintenant que si le monde physique est régi par des généralités sans exceptions, le monde moral, en époque d'ignorance, n'est régi et ne peut être régi que par des exceptions donnant naissance à des généralités : Moïse, le Christ et Mahomet étaient des exceptions ; le génie est exceptionnel.

En général, le journalisme et le capital sont les ennemis du socialisme rationnel. Mais exceptionnellement, il y a des prolétaires moraux qui ne sont point privés de capitaux, et qui, par une raison quelconque, bonne ou mauvaise, les dévouent à l'anéantissement du prolétariat. De plus, le capital, par cela même qu'il n'a ni cœur, ni âme, peut compter sur l'excentricité d'une doctrine, sur la manière dont elle est exposée, défendue, etc., pour avoir des lecteurs. N'avons-nous pas vu les doctrines les plus absurdes avoir des journaux? N'avons-nous pas vu, en outre, le journal des *Débats* et le *Constitutionnel* publier des romans de M. Eugène Sue, tout ce qu'il y a de plus opposé aux doctrines professées par ces journaux? Moi-même, ennemi déclaré de toutes les doctrines professées par le journalisme, n'ai-je point déjà trouvé trois, quatre, cinq, six journaux qui ont bien voulu admettre quelques-unes de mes publications? Une première publication n'est donc point impossible à l'établissement de l'association universelle. Loin d'être impossible, elle est même probable; et la preuve qu'elle est plus que probable, c'est l'insertion du présent article dans un journal.

Avoir un nombre suffisant d'associés pour que l'association puisse, par elle-même, subvenir aux frais de sa publicité, est encore un obstacle presque insurmontable; mais est-il absolument insurmontable, et n'y a-t-il point d'exception à cette généralité?

Depuis la Révolution de Février, les différents socialismes spéciaux ont énormément perdu; et le socialisme général, qui ne peut être que le socialisme rationnel, a énormément gagné. Combien n'y a-t-il pas de législateurs, de gouvernants, de prêtres, de philosophes, de savants, d'artistes, d'économistes, de socialistes même, et de propriétaires, qui, soit malgré eux, et pour ainsi dire à leur insu, soit dans l'intérêt de leur propre conservation, ont déjà ouvert les yeux sur l'impossibilité de maintenir l'ordre en conservant l'organisation actuelle? Ceux-là sont déjà des socialistes généraux, des socialistes du socialisme rationnel, encore inconnu. Ceux-là s'aperçoivent qu'ils se noient dans le désordre; et quiconque se noie s'accroche à un fétu, cherche même à s'accrocher à une ombre.

N'a-t-on pas vu le sceptique et courageux Girardin s'accrocher à la Banque du Peuple? il s'en est détaché, il est vrai, parce qu'il a vu qu'il n'évitait Charybde que pour tomber en Scylla. Que tous les sceptiques s'accrochent ainsi à l'association universelle; qu'ils ne s'en détachent qu'après l'avoir reconnue absurde, et bientôt l'association universelle projetée sera une association réalisée.

Certes, une publicité continuelle, maintenue par les seules forces de l'association, demande des frais considérables. Mais une fois cette publicité commencée : ou elle se soutiendra, et ce sera une preuve que la base de l'association est bonne; ou elle tombera, et ce sera une preuve que l'association doit choisir une nouvelle base, car nous avons prouvé que cette association est devenue nécessaire.

Dans les deux cas, l'association doit triompher ou la société doit périr. Et dans ce dernier cas, l'association triompherait encore : car la mort de la société serait la preuve que la nécessité de l'association était fondée en raison.

Arrivons maintenant à parler du journalisme en général.

Le journalisme en général est l'ennemi de l'association, soit. Mais le journalisme général ou se taira, ou parlera sur le socialisme rationnel. S'il se tait, tant mieux! Son silence sera une preuve qu'il n'a rien de bon à dire pour l'attaquer. S'il parle, tant mieux! car il n'aura que de mauvaises raisons pour l'attaquer, puisque le socialisme rationnel doit être rationnellement incontestable. Or plus il parlera, plus tôt il tombera. Si le journalisme venait à émettre de bonnes raisons, ce serait une preuve que le prétendu socialisme rationnel n'est rationnel qu'illusoirement; il tomberait, et ce serait encore tant mieux. Car cela donnerait lieu au socialisme vraiment rationnel de se faire jour; et l'association universelle lui donnerait son appui, sous peine de mourir en entrant elle-même dans le néant du journalisme négatif.

Les lois françaises peuvent, il est vrai, proscrire non seulement l'association universelle, mais toutes les associations quelconques. Cela du reste, même dans les circonstances actuelles, n'est point encore aussi facile qu'on le croirait bien : parce que pour cela il faudrait une défense absolue. Si, à cet égard, il n'y a que des obstacles légaux relatifs à la presse, ceux-ci ne sont obstacles que pour les sots.

Quels que soient les obstacles légaux que l'on veuille opposer à ce qu'on appelle la liberté de la presse, je m'engage à pouvoir dire légalement tout ce qui est rationnel, absolument tout, sans que la loi la plus taquine puisse me prendre dans une seule de ses mailles.

Je sais que le gouvernement, toujours en époque d'ignorance, seul interprète possible de la loi, malgré toutes les prétendues garanties données pour que cela ne puisse être, pourra me faire condamner quoique je sois resté dans la légalité; mais au moins il y aura une espèce de liberté de défense, et ma condamnation sera utile. Dans tous les cas, la presse patente parlera. Si celle-ci est absolument bâillonnée, les presses clandestines parleront. Et si le gouvernement rend impossible, en France, la permanence du chef-lieu de l'association, le chef-lieu s'établira soit à Washington, soit à Londres. Et plus l'association universelle sera persécutée, plus tôt elle sera triomphante. Washington est maintenant plus près de l'Elysée, qu'Amsterdam ne l'était de Versailles sous Bayle, Jean-Jacques et Voltaire. Et si, en 1789, des raisonnements négatifs ont pu triompher des raisonnements positifs reconnus absurdes, il sera bien plus facile, après 1849, de faire triompher la liberté positive rendue rationnellement incontestable d'une multitude de vérités négatives, toutes destructrices par essence et constituant la plus effroyable des anarchies, tant que le positif réel ne vient point se mettre au lieu et place de ce qu'elles ont détruit.

Les prêtres de toutes les religions, monothéistes, polythéistes, etc., etc., sont tous, il est vrai, d'accord sur un seul point, celui de combattre les ennemis de l'anthropomorphisme, et par conséquent le socialisme rationnel. Mais ici, ainsi que cela arrive presque toujours en époque d'ignorance, les deux partis ont raison.

En effet, les prêtres défendent l'anthropomorphisme parce que celui-ci a toujours été le seul système à opposer soit au déisme philosophique, matérialisme hypocrite, soit au panthéisme, matérialisme effronté. Les prêtres savent que le matérialisme, socialement considéré, n'est autre que la source inévitable d'une anarchie qui ne peut cesser que par l'anéantissement social du matérialisme; et ils sont les ennemis du socialisme rationnel combattant l'anthropomorphisme, parce qu'ils confondent ce socialisme avec les défenseurs d'un matérialisme quelconque.

Mais lorsqu'ils verront que le socialisme rationnel combat seulement l'anthropomorphisme, parce que celui-ci est devenu incapable de servir plus longtemps de base à l'existence de l'ordre; lorsqu'ils sauront que ce socialisme a pour ennemi, non point relatif mais absolu, ce même matérialisme que les prêtres unis combattent exclusivement; lorsqu'ils sauront que le socialisme rationnel veut introniser la justice éternelle dont l'anthropomorphisme n'est que la personnification; les prêtres de toutes les religions, et cela en raison même de leur instruction et de leur amour pour le lien religieux, deviendront les plus ardents défenseurs du socialisme rationnel. Le socialisme rationnel aura même plutôt des partisans parmi les prêtres que parmi les philosophes, parce que, en général, le type des prêtres c'est le dévoûment, et que le type des prétendus philosophes n'a jamais été que l'égoïsme. Socrate n'était pas un philosophe, mais le prêtre d'une religion nouvelle.

Les philosophes sont les ennemis les plus acharnés du socialisme rationnel, cela est vrai. Mais, de même que les prêtres ne sont unis que sur un seul point, la réalité de l'anthropomorphisme, les philosophes n'ont également qu'un seul point qui les réunissent, la réalité du matérialisme. Remarquez seulement que les prêtres osent avouer leur but, celui de défendre l'anthropomorphisme, parce que, jusqu'à présent l'antrhopomorphisme a été le seul conservateur possible de l'ordre, et le serait encore si l'examen n'était venu nécessairement le rendre impuissant; tandis que les prétendus philosophes n'osent, au contraire, avouer le point qui les unit, la réalité du matérialisme, parce que celui-ci est par essence antisocial.

Aussi, et comme adversaires sociaux, les philosophes ne sont nullement à craindre comme corps, et très peu comme individus. D'ailleurs, comme toutes les philosophies n'ont été jusqu'ici que des mots vides de sens, de prétendus ensembles tissus de contradictions, il sera facile, d'autant plus facile aux prétendus philosophes de se tirer d'affaires, que les moins sots d'entre eux ont toujours affirmé que philosophie et religion devaient être une seule et même chose. Or, comme le socialisme rationnel n'est autre que l'identification de la philosophie et de la religion, à peine cette identification aura-t-elle été démontrée que tous les prétendus philosophes deviendront socialistes afin d'être réellement philosophes.

Les prétendus savants sont peut-être moins à craindre que les prétendus philosophes. Ceux-ci sont métérialistes par galimatias, ou tout au plus par raisonnements négatifs.

Ils disent: création et anthropomorphisme sont absurdes; *il n'y a de possible* que matérialisme et anthropomorphisme; donc il n'y a que le matérialisme de rationnel. Les prétendus savants, au contraire, s'appuient sur des démonstrations prétendues positives. Ils sont déjà disciplinés au raisonnement. Ils ont accepté le matérialisme, parce qu'une démonstration prétendue positive les y a conduits. Ils admettront l'immatérialité, c'est à dire l'éternité des âmes et la détermination de l'humanité quand une véritable démonstration leur prouvera, d'une manière rationnellement incontestable, que ce qu'ils ont cru jusqu'à présent être une véritable démonstration n'est qu'une démonstration illusoire. Ces matérialistes, par prétendue science, sont d'ailleurs dans le même cas que les prétendus philosophes. Domestiquement et en dehors de toute hypocrisie, il n'en est pas un qui ne s'avoue matérialiste. Mais allez dire à ces prétendus savants devenus législateurs, fussent-ils même quarante-deux mille fois secrétaires perpétuels d'académies scientifiques, qu'ils sont matérialistes, et vous verrez le sabbat infernal que feront ces messieurs en criant à la calomnie.

Et d'où viennent ces contradictions de la part de ceux dont l'habitude de la vie entière est de raisonner?

De la vanité, de cette effroyable vanité, source de tous les maux possibles. Ils savent que leur prétendue science, que ce qu'ils croient être la science conduit nécessairement au matérialisme. Ils savent que le matérialisme, socialement considéré, est essentiellement anarchique. Ils savent que, depuis l'incompressibilité de l'examen, il est absolument impossible d'empêcher les masses de connaître les conclusions de la science. Ils savent que la vulgarisation du matérialisme conduit à la mort sociale. Et néanmoins ils ne veulent pas avouer que cette science est mauvaise, ou n'est que celle du diable, celle du crime. Pourquoi? Parce que déclarer leur science inepte serait se déclarer ignorants, et ces messieurs ne veulent pas avouer leur ignorance.

Du reste, donnez une démonstration réelle aux prétendus savants, et en devenant réellement savants ils deviendront les plus ardents vulgarisateurs du socialisme rationnel. Le tout est de les faire *écouter*. Il est vrai que souvent c'est aussi difficile que de faire *entendre* un sourd. Mais ils mourront, et ceux qui leur succéderont auront honte de leur ressembler.

Quant aux artistes, poètes compris, soit en prose, soit en vers, ceux-là ne sont ni religieux, ni philosophes, ni savants; ils sont mystiques, et d'un mysticisme de girouette. Sans principes à eux, pas même à leur insu, ils ont successivement tous les principes du dernier qui leur parle: du reste, s'ils sont généralement accessibles au mensonge, comme ayant généralement les plus belles organisations, et comme étant les plus désireux de vérité, ils seront aussi les plus accessibles à la vérité, quand il y aura une vérité incontestablement démontrée.

De Maistre et Châteaubriand ètaient artistes par excellence. Cousin, Lamartine, Lamennais, Proudhon et Pierre Leroux, sont éminemment artistes. Supposez les cataractes de la vanité abaissées à ces magnifiques intelligences ; présentez-leur la vérité, l'incontestable vérité ; et les martyrs de l'ancien christianisme n'auront été que des enfants vis-à-vis de ces nouveaux chrétiens, en donnant le nom de chrétiens à ceux qui professent la doctrine du dévoûment rationnel.

Il est d'ailleurs un moyen bien simple d'attirer à soi les fanatiques de l'art. Il n'est d'art possible que par la représentation de ce qui est vérité, ou de ce qui est tenu pour vérité. Tant que la vérité réelle n'existe pas, l'art est réduit à un mensonge socialement tenu pour vérité ; et ce mensonge, en galimatias artistique, est nommé IDÉAL. Tant que la vérité réelle n'existe pas, et qu'un mensonge peut être pris pour vérité, l'art est possible par l'idéal ; mais du moment que l'examen fait rentrer tous les mensonges dans le néant, dont la nécessité sociale les avait fait sortir, l'art meurt nécessairement, et ne peut ressusciter que pour l'intronisation de la vérité. Maintenant, au moral, l'art est mort, de l'aveu même des artistes ; l'idéal n'est plus qu'à Charenton. Aussi parcourez nos expositions, qu'y trouvez-vous ? Des muscles et de la peau ; des corps, de l'organisme, oui ; mais d'âme, point : vous diriez des résultats de mécaniques, des daguerréotypages. C'est que, pour l'artiste, il n'est plus d'idéal possible. Il a beau se griser d'opéra, de champagne ou de polka ; il a beau se décorer du titre d'artiste, il sait bien lui-même qu'il n'est qu'un ouvrier, et qu'un mauvais ouvrier : en hémistiches, en notes en marbre ou en toile.

Mais à ces belles organisations n'ayant plus d'idéal possible, présentez-leur la vérité : et les murs de Thèbes vont s'élever ; et les murailles de Jéricho vont s'écrouler. Il y a plus : la fatalité aveugle, ou plutôt l'injustice des dieux, devant l'examen, tout ce qu'il y a de plus anti-artistique au monde, parce qu'elle rend les dieux des scélérats et les hommes des machines.

cette fatalité disparaît alors pour faire place à la fatalité harmonique, expression de justice éternelle, de justice absolue. Voyez, d'une part, Œdipe subissant avec courage, résignation et même bonheur l'expiation de fautes qu'il saurait, par cela seul qu'il serait frappé, avoir commises dans une vie antérieure ; et, d'une autre part, Œdipe innocent reprochant aux dieux de le frapper pour lui avoir fait commettre involontairement un crime qui, devant la justice, ne devrait retomber que sur eux ; puis dites-nous de quel côté se trouve la véritable poésie, l'admirable et le sublime !

Prouvez aux artistes qu'il n'y a plus d'art possible que par la démonstration de la vérité ; prouvez que le socialisme rationnel n'est autre que l'exposition de la vérité, et tous les artistes vont devenir socialistes.

Les économistes ont p ur DIEU *ce qui est* ; cela est vrai. Ils sont tout ce que nous avons dit en énumérant les obstacles qui se rapportent à eux ; cela est encore vrai. Aussi prenez un économiste en particulier et essayez de le faire parler comme il pense. Si vous réussissez, vous n'en trouverez pas un, à commencer par M. Blanqui et à finir par M. Léon Faucher, qui ne soit persuadé, et cela en raison de sa capacité, que l'ordre économique, l'ordre relatif à la richesse doit être *radicalement* changé. Néanmoins, comme ils ont tous la bosse d'Adam, la bosse du diable voulant escalader le ciel, ou la bosse de vanité, vous n'en trouverez pas un, à commencer par M. Léon Faucher et à finir par M. Blanqui, qui aura le courage d'avouer publiquement son ignorance sur les moyens de réorganiser radicalement la société. Aussi tous, et M. Thiers en tête, lequel, par parenthèse, ne sait même pas ce que c'est que l'économie politique, nous diront-ils à toutes les tribunes possibles : Que la société doit être *améliorée*, mais qu'elle ne peut être *radicalement* changée.

Du reste il faut aussi savoir excuser les économistes. Ils sont, relativement à l'ordre social, ce que sont les législateurs quant aux lois, les gouvernements quant aux moyens de les appliquer, les journalistes quant à ce qui se nomme vérité, les prêtres quant à l'anthropomorphisme, les prétendus philosophes quant au galimatias, les prétendus savants quant aux démonstrations, et les artistes quant à l'idéal. Tous voudraient bien avoir mieux, mais il faut aussi l'avouer, on ne leur a pas présenté mieux. Le crime des économistes n'est ainsi que le crime commun, celui de ne pas vouloir avouer sa propre ignorance : ce qui seul suffirait pour les empêcher tous d'écouter, si même *mieux* leur était présenté.

Vous direz peut-être que l'ignorance est un aveuglement, et que si vous leur présentez la vérité, même en les supposant de bonne foi, ils ne pourront la reconnaître, ni par conséquent l'accepter.

Ici vous ne vous trompez qu'en une chose : c'est que ce n'est point l'ignorance qui cause l'aveuglement, mais bien la vanité. Donnez-moi un enfant ordinaire à l'époque de sa naissance ; il est alors aussi ignorant que possible. A l'âge de dix ans, je vous le rendrai réellement savant.

Donnez à Minerve elle-même et nos législateurs, et nos prêtres, et nos philosophes, et nos savants, etc., à instruire. Et Minerve elle-même y emploierait inutilement l'éternité si, préalablement, elle n'a détruit en eux la vanité qui les empêche d'avouer que, ce qu'ils se vantent de savoir, ils l'ignorent.

Mais le bien que Minerve elle-même n'aurait pu faire sera fait par la cause même du mal, par la vanité, que la nécessité sociale finit par porter nécessairement à se suicider. Car tout ce qui est de nécessité sociale se fait nécessairement : soit par A, soit par B.

Voulez-vous un exemple d'un suicide de vanité?

Du moment que la vérité réelle aura apparu, quant à l'économisme, la vanité d'un économiste s'en emparera comme étant le résultat de ses propres spéculations. Alors il mettra dix fois plus de rage à propager la vérité qu'il n'en aura mis à propager l'erreur. L'essentiel, dans ce cas, est de ne pas le détromper. Qu'importe d'où sort la vérité pourvu que tous puissent la voir et la reconnaître? Qui de nous n'a point dit des choses vraies ou fausses à des gens qui auparavant n'en avaient aucune idée, et ne les a vus quelquefois, seulement 48 heures après, venir vous donner ces mêmes choses à vous-même comme étant de leur propre invention? Si vous avez la bonté de ne pas les détromper, soyez persuadé qu'ils défendront leurs inventions comme la mère la plus tendre défend son dernier né.

Et voilà une vanité suicidée.

Dans tous les cas, attendez que je sois mort, et les économistes me donneront comme un des leurs, et aussi les philosophes, etc., etc. C'est pour cela que, pour le public, j'aurais voulu n'être qu'un mort. Mais j'ai eu des élèves maladroits; ils n'ont pas compris qu'un vivant a toujours tort. Attendez, dis-je... Et voilà toutes ces vanités suicidées.

Vous verrez que tous ces messieurs, que j'écorche, m'accuseront d'être peu modeste. Et, cependant, ce n'est que par là que je l'emporte sur eux; car, le seul ennemi de la véritable modestie n'est autre que la vanité. Il est vrai que la véritable modestie n'est autre que l'orgueil. Or, j'avoue, que dis-je, je me fais gloire d'avoir beaucoup d'orgueil, et pas du tout de vanité. Pauvres gens! vous ne voyez donc pas que je combats en plein jour, et avec les armes de la vérité? tandis que vous, pauvres albinos, ne voyez plus en plein jour, et n'avez d'armes que celles du mensonge, lesquelles se brisent et se briseront éternellement devant le bouclier de la vérité.

Ce qu'il y a de plus difficile au monde à amener au socialisme rationnel : plus que les journalistes, plus que les législateurs, plus que les gouvernants, que les prêtres, que les philosophes, que les savants, que les artistes et que les économistes..... ce sont..... les socialistes.

En voici la preuve :

Les journalistes, les législateurs, les gouvernements, etc., etc., jusque même y compris les économistes, ont l'expérience que toutes leurs idées, relativement à l'existence de l'ordre social, sont complètement utopiques ; et tout désordre social se rapporte toujours finalement à la propriété, à la matière. Or, en fait de matière, il n'y a rien de convaincant comme l'expérience. A la vérité, les économistes manquent encore d'expérience relativement à leur *dada*, le libre échange au sein des nationalités.

Aussi, et sous ce rapport, allons-nous ranger cette espèce de rêve-creux parmi les socialistes. Nous leur adjoindrons en même temps cette autre espèce de rêve-creux faisant des congrès pour établir la paix perpétuelle au sein des nationalités. Ces derniers sont bien certainement socialistes, ou il n'y en a jamais eu au monde. C'est de l'emploi de ces derniers que nous avons à nous occuper.

Que voulez-vous faire de ces gens-là? Ils n'ont point encore expérimenté leur dada, et ils nous diront toujours : *Vous n'avez point essayé ma panacée.* Quant au raisonnement, ils ne veulent point en entendre parler. Est-ce que les inquisiteurs de Gallilée voulaient entendre la raison? Ils disaient : « La terre ne tourne point; » puis ils se bouchaient les oreilles. Les socialistes spéciaux disent : « Prenez mon ours; » puis ils se bouchent les oreilles. Allez donc essayer de raisonner avec ceux qui se croient ou le Christ, ou le Père Eternel, ou Napoléon; ou qui veulent anéantir, soit l'hérédité, soit la soumission des passions à la raison, soit la propriété, soit la monnaie; ou avec ceux qui veulent faire faire les lois par un seul, et faire nommer annuellement cet un seul par tous? Alors vous mériterez de manger avec eux à la même gamelle.

Si, depuis dix-huit ans, on avait dit aux économistes, socialistes sans le savoir, socialistes malgré eux :

» Vous voulez le libre échange entre les nationalités, c'est à dire vous voulez des individualités autonomes, en contact nécessaire entre elles, et n'ayant de sanction du bien et du mal que le coup de poing, le fer, le feu ou le poison: soit. Allons, économistes et compressistes! voilà un terrain bien clos, sans communication avec nous; car nous ne voulons point communiquer avec les pestiférés. Arrangez-vous en familles autonomes, n'ayant de commun entre elles ni religion, ni lois, ni gouvernements, et emmenez avec vous partisans du libre échange et partisans de paix perpétuelle au sein des nations. Nous vous donnons trois ans pour vous repentir. Jusque là, le premier de vous qui déserte, nous l'enfermons trois ans à Charenton. » Supposez que cela eût coûté dix millions à la France; croyez-vous que ce fût trop pour nous trouver débarrassés de la plus effroyable classe de tous les utopistes ? Je vous assure que cet exemple des économistes aurait joliment donné à penser à messsieurs les socialistes ; ils auraient eu diablement peur des petites loges.

Puis, vous adressant à ceux qui se donnent comme socialistes spéciaux, vous auriez dit :

Aux Saints-Simoniens : « Messieurs, aux mêmes conditions voilà un terrain. Choisissez votre homme libre et votre femme libre. Et tâchez d'abord de ne plus vous égorger en choisissant. Puis emmenez avec vous M. Michel Chevalier, ou laissez-vous conduire par lui, et cessez de nous ennuyer d'un crédit donnant naissance à la stabilité, au lieu d'une stabilité donnant naissance au crédit. » Après cela, soyez tranquilles : vous n'aurez pas dépensé un monaco.

Aux Phalanstériens : « Messieurs, voilà de quoi faire dix phalanstères. Allez jouer aux petites hordes et au développement intégral des passions. » Mais toujours avec mêmes conditions et gare aux petites loges !

Aux Communistes absolus : « Messieurs ! voilà du terrain. Non pas Icarie, s'il vous plaît, car il n'y a personne au monde de moins communiste que M. Cabet, lequel n'a fait qu'organiser la propriété à sa manière ; mais du terrain au sein duquel il n'y aura aucune propriété individuelle. Allez ! » Savez-vous qui aurait refusé le premier ? M. Cabet. Et je le tiens pour aussi honnête homme que M. Considerant, que moi et que qui que ce soit en France.

A monsieur Proudhon : « Monsieur, voilà un terrain et aux mêmes conditions. Allez faire de l'ordre, sans monnaie, sans religion et sans gouvernement. » Je vous assure que M. Proudhon, aussi honnête homme que qui que ce soit, n'y aurait pas mis la première patte.

A M. de Girardin : « Monsieur, voilà du terrain et aux mêmes conditions. Prenez vos sectateurs et allez faire de l'ordre avec des lois faites par un seul, lequel *un seul* sera annuellement nommé par tous. » et M. de Girardin, aussi honnête homme que MM. Chevalier, Considerant, Cabet, Proudhon et moi-même, n'aurait même plus voulu en entendre parler.

Croyez-vous que si la société eût agi ainsi, nous en serions où nous en sommes ?

Ce qui soutient les utopistes, c'est la persécution.

Si l'on donnait une *villa santa* à chaque socialiste spécial, toutes leurs spécialités auraient bientôt disparu. Voyons, rue de Poitiers, à moi le prix! j'ai résolu votre problème.

Mais, me dira-t-on, vous n'acceptez donc pas de *villa santa?*

Moi! je n'ai pas besoin d'expérience autre que celle que vous faites. C'est vous, mes frères, qui travaillez pour moi. Je ne veux de *villa* que la société tout entière. Pouvez-vous vous passer de moi? De moi, c'est une sottise; mais de la vérité, de la raison rendue incontestable à tous et à chacun? Pouvez-vous faire de l'ordre en anéantissant l'hérédité, en vous soumettant aux passions, en abolissant la propriété, la monnaie, en faisant des lois n'ayant de sanction que la force? Alors, marchez! Je suis un fou, et je mérite la loge; donnez-la-moi. Quand vous aurez vu que je ne suis pas un fou, ou plutôt que la raison n'est pas une folie, l'univers sera conquis, et ma *villa* sera fondée. En attendant, en est-il un parmi vous qui veuille se mesurer rationnellement avec moi, même au jugement de l'Institut, mon ennemi intime, et cela sans la sanction de la petite loge? Qu'il vienne, je suis prêt à combattre. Mais soyez sans inquiétude, je ne recevrai pas une égratignure.

Tout cela est fort bien, allez-vous dire, mais l'association universelle renversera-t-elle les socialistes spéciaux?

Vous le demandez et vous le voyez déjà. L'association universelle renversera les socialismes spéciaux comme le soleil dissipe les brouillards. Il est même inutile de m'arrêter à vous le prouver.

Quant aux propriétaires, rien n'est plus facile que de les convaincre. Tous ont un intérêt personnel et immédiat à l'existence de l'ordre; et rien n'est moins aveugle que l'intérêt personnel immédiat.

Si cela est, direz-vous, pourquoi tous les propriétaires ne sont-ils point socialistes rationnels?

Pourquoi? Parce que le socialisme rationnel n'a peut-être jamais été examiné à fond par trois propriétaires ; et que les deux qui l'ont examiné n'ont eu ni le courage, ni le dévoûment nécessaire pour me venir franchement en aide. Mais que la société universelle s'établisse, et les propriétaires deviendront immédiatement les plus fermes appuis du socialisme rationnel.

Ce sont eux qui se chargeront de convaincre, et législateurs, et gouvernements, et prêtres, et philosophes, et savants, et artistes, et économistes, et socialistes.

Quant aux prolétaires, considérés indépendamment de toute instruction, ceux-là appartiennent soit aux gouvernants, soit aux prêtres, soit aux philosophes, soit aux savants, soit aux artistes, soit aux économistes, soit aux socialistes, soit aux propriétaires. Ils sont *choses* et non *personnes*. Aussi ne sont-ils propres qu'à être instruments de révolutions, et ce n'est point à ceux-là que nous nous adressons : c'est aux hommes et non point aux choses. Mais nous avons vu que l'association universelle peut vaincre les personnes ; et cette victoire, en anéantissant le prolétariat, anéantit en même temps les prolétaires choses.

Résumons :

L'association universelle des prolétaires non choses, ayant pour but l'anéantissement du paupérisme et des révolutions, peut anéantir et paupérisme, et révolutions.

QUESTION RELATIVE AU RÉSUMÉ.

L'association universelle s'établira-t-elle immédiatement?

Peut-être.

L'ordre moral n'est autre que l'harmonie entre la liberté et la fatalité.

La fatalité n'est autre que l'éternelle justice.

L'éternelle justice consiste à ne laisser aucune faute sans expiation.

L'expiation des individus se fait nécessairement au sein d'un ordre social basé sur la force. Là chacun attise le feu et retourne son voisin sur le gril.

Au sein d'un ordre social basé sur la raison, tout, *socialement*, est *nécessairement* bien; l'enfer social se trouve anéanti.

L'ordre social, basé sur la raison, NE PEUT donc s'établir, relativement à la fatalité, sur une justice éternelle que lorsque l'expiation des individus composant notre monde se trouve accomplie.

Et cette expiation, se trouve-t-elle accomplie?

Je l'ignore.

Ce que je sais, c'est que, relativement à la liberté, rien au monde n'est plus facile que d'établ'r l'ordre rationnel.

Je l'ai prouvé, c'était mon devoir.

Mon devoir ensuite, c'est de faire tout ce qui dépend de moi pour que cet ordre s'établisse. Je le fais.

Mon devoir final, c'est de me résigner.

Je me résigne.

FIN.

www.ingramcontent.com/pod-product-compliance
Ingram Content Group UK Ltd.
Pitfield, Milton Keynes, MK11 3LW, UK
UKHW021533260726
13993UKWH00004B/1977